AF562068

ÉTAT-MAJOR DE L'ARMÉE

2e Bureau

CONFIDENTIEL

ENSEIGNEMENTS

DE LA

GUERRE RUSSO-JAPONAISE

Note n° 16. — Les Enseignements.

Mars 1907

Exemplaire n° .... remis à ....

Note
relative aux enseignements de la guerre russo-japonaise

Il est peut-être prématuré de chercher à tirer des enseignements bien nets de la guerre russo-japonaise. Qui dit enseignements en effet suppose renseignements. Or, les renseignements que nous avons, particulièrement en ce qui concerne l'emploi des troupes sur le champ de bataille si instructifs qu'ils soient, sont encore insuffisants. Il faudrait avoir connaissance des ordres d'engagement, des modifications qui y ont été apportées sur le terrain, des circonstances qui ont motivé les uns et les autres. Il serait utile de lire et de comparer les journaux de marche de nombreuses unités. Il conviendrait de connaître enfin et de rapporter les unes aux autres les impressions de combat d'un certain nombre d'acteurs de ce grand drame qu'est une bataille moderne. Alors, il serait vraiment possible de passer à des conclusions fermes et de tirer des enseignements précis pour la tactique, c'est-à-dire pour le mode d'action spécial à chaque arme, dans le cadre d'un effort commun sur un terrain déterminé.

Autrement dit, nous n'avons que des appréciations générales, des aperçus d'ensemble, des sensations plutôt que des faits sur certains points, et, sur d'autres, des observations qui peuvent être exactes dans le champ où elles ont été faites, mais qu'il serait dangereux de vouloir trop généraliser.

Il suffit à cet égard de nous rappeler les conclusions par trop hâtives formulées après la guerre Sud-Africaine. La merveilleuse défense des Böers et leur incomparable habileté de tireurs avaient fait poser en axiome la supériorité tactique de la défensive qui, seule, pouvait utiliser toute la puissance de l'armement actuel. L'étude raisonnée des évènements lorsqu'ils furent un peu mieux connus avait déjà fait justice de ces sophismes quand la guerre russo-japonaise acheva d'en démontrer l'inanité.

C'est dire qu'il faut soigneusement éviter de tirer des conclusions trop générales d'évènements de guerre qui présentent un caractère de particularité indéniable. Or de même que la guerre Sud-Africaine n'était en somme qu'une guerre coloniale à grande envergure, la campagne de Mandchourie se présente aussi, bien que dans un ordre d'idées un peu différent, dans des conditions tout à fait spéciales.

Liées d'une manière absolue à leur ligne de communications, inchangeable et démesurément allongée, l'armée russe part, l'armée japonaise de l'autre, ne pouvaient s'exposer à la perdre sans se vouer, par cela même, à une destruction complète en cas de revers. C'est cette situation de fait qui commande le reste.

Qu'en résulte-t-il

D'un côté comme de l'autre le déploiement stratégique s'effectue perpendiculairement à la ligne de communications. On occupe un front aussi vaste que possible, de manière à voir venir de loin les mouvements tournants, particulièrement dangereux pour sa ligne et à donner le temps d'y parer. Mais, comme le front s'est affaibli en s'étendant on pare à cette extension en renforçant la position par des travaux de fortification passagère ou rapide, tranchées et redoutes ; du côté russe où l'on estime le coude-à-coude indispensable, on va même jusqu'à un dispositif linéaire, incompatible avec toute idée de manœuvre, qui finit par absorber toutes les troupes disponibles.

La manœuvre japonaise a consisté invariablement à fixer le front par des attaques vigoureuses et à chercher la décision par un mouvement tournant qui a toujours réussi parce que l'adversaire n'étant pas échelonné en profondeur et ayant disposé de presque la totalité de ses troupes même avant l'engagement ne put jamais prendre à temps des dispositions de nature à contrecarrer et à faire échouer la manœuvre de l'ennemi.

Après les premiers combats dans lesquels l'artillerie russe s'étant mise imprudemment à découvert a subi de ce fait des pertes écrasantes, les deux artilleries adverses se sont ménagées au delà de toute expression ou tout au moins se sont tenues prudemment à grande distance l'une de l'autre

C'est en réalité la situation même qui a commandé les batailles parallèles, l'emploi extraordinaire des outils, le développement des terrassements, la consommation exagérée des cartouches et des projectiles. Est-on bien certain de retrouver dans une guerre européenne les mêmes conditions et les mêmes conséquences?

Il convient par suite d'être prudent dans l'examen des procédés tactiques employés de part et d'autre en Extrême-Orient, et de ne pas accepter sans discussion ceux-mêmes de ces procédés que le succès parait avoir sanctionnés. C'est dans cet ordre d'idées que la présente note est rédigée.

Généralités

Un point qu'on ne peut infirmer par exemple, car il ressort clairement de toutes les opérations, est la consécration éclatante de la supériorité de l'offensive comme forme de combat, de la valeur de la manœuvre, et par contre-coup, de l'impuissance de la défensive et surtout de la défensive passive. En revanche, on ne saurait prendre comme modèle le dispositif tactique de manœuvre japonais qui ne recherche la décision que dans l'enveloppement de l'ennemi et base tout le plan de combat sur la passivité, disons l'immobilité de l'adversaire. Si cette tactique a réussi vis-à-vis des Russes, ce doit être simplement une leçon que l'inviolabilité sur son front d'une position retranchée et vigoureusement défendue ne suffit pas à procurer le succès et qu'il faut l'associer par ailleurs à une vigoureuse offensive. Malgré les progrès de l'armement, malgré l'augmentation des effectifs, la tactique napoléonienne doit toujours rester la base de notre doctrine militaire.

Un autre point qui est démontré nettement par l'expérience de la guerre russo-japonaise est la nécessité de l'appui constant et de plus en plus intime que doivent se prêter les différentes armes. Le fait de pouvoir concentrer sur un même objectif les feux simultanés de l'Infanterie et de l'Artillerie facilite singulièrement l'attaque, et cette condition doit de plus en plus être recherchée. Or, si nos règlements préconisent cette collaboration, on peut se demander si nos méthodes d'instruction permettent suffisamment de réaliser la communauté de vues et de doctrine, c'est-à-dire le contact incessant du temps de paix, qui, seul, peut créer entre les différentes armes la notion du devoir commun et de l'aide réciproque sur le champ de bataille.

En ce qui concerne la durée des batailles, on méconnaitrait singulièrement les conditions particulières des grandes luttes livrées autour de Liao-Yang et de Moukden si l'on croyait qu'elles peuvent servir de type pour les grandes batailles futures. Il s'agissait dans ces deux cas de positions préparées de longue main et remarquablement fortifiées, où la lutte a incontestablement pris dans une certaine mesure le caractère de la guerre de siège. Quant aux combats de la campagne de Mandchourie qui ont été précédés d'une prise de contact dans la soirée de la veille, ils ont été achevés en une journée.

L'adoption des armes à tir rapide doit entraîner naturellement une consommation de munitions plus considérable que par le passé. L'approvisionnement initial du fantassin ne saurait donc comprendre moins de 150 ou 200 cartouches. En raison de la difficulté du ravitaillement sous le feu, il paraîtrait utile de rechercher des organes de ravitaillement plus légers, plus nombreux et plus à la portée des troupes notamment pour l'artillerie.

L'apparition efficace des mitrailleuses sur le champ de bataille mérite d'être signalée. Leur utilité est indiscutable dans la défensive; mais leur rôle n'en serait pas moins important dans l'offensive, pour appuyer l'attaque au dernier moment, par exemple, à ce moment critique où l'artillerie n'apporte plus qu'une aide éloignée et insuffisante et pour repousser les contre-attaques et les retours offensifs. C'est ce qui a fait prévoir, à bref délai, l'attribution à nos troupes de cette arme nouvelle. C'est en s'en servant dans leurs exercices journaliers qu'elles apprendront à en tirer parti.

La transmission des ordres et des renseignements sous le feu est devenue extrêmement aléatoire. Il est urgent d'étudier à cet effet des procédés simples et pratiques, non pas seulement pour la liaison des grandes unités, mais aussi pour les ordres de détail à donner dans les sous-unités, et, à ce point de vue, il n'est pas inutile de rappeler qu'une forte doctrine commune, obtenue dans les troupes par des manœuvres de tous les jours, peut, au besoin, sous le feu, suppléer à l'absence d'ordres.

Les deux adversaires ont fait un large usage des communications électriques et les Japonais en particulier en ont tiré un grand profit.

Infanterie

De l'avis général des témoins oculaires des grandes luttes de la guerre Russo-Japonaise, rien ne semble plus vide qu'un champ de bataille moderne. Il est certain cependant qu'à plusieurs reprises les deux adversaires en sont arrivés à l'abordage, et que la baïonnette a joué son rôle. Le feu n'a donc pas arrêté l'attaque, pas plus qu'il n'a suffi pour faire évacuer une position. Ce qu'il faut dire, c'est que la puissance actuelle de l'armement oblige de plus en plus les troupes à l'utilisation rationnelle et complète du terrain.

Aucune unité ne peut rester à découvert sous le feu de l'infanterie ou de l'artillerie sans s'exposer à la destruction. Dès qu'une troupe arrive dans la zône qui peut être battue par l'artillerie ennemie, il lui faut progresser en se défilant de son mieux, ou en se portant rapidement d'abri en abri; les circonstances fixeront elles-mêmes les procédés à employer et les formations à prendre; la formation en colonne par quatre, par section ou par peloton pourra être employée, mais, dès qu'on entrera dans la zône du feu de l'infanterie, il sera nécessaire de se déployer.

Il y a grand intérêt, au début de l'action à ne mettre en ligne que le minimum de forces nécessaires à la reconnaissance de l'ennemi et à la prise de contact; mais dès que la lutte sera résolue, on donnera au feu son maximum d'intensité. Pour acquérir la supériorité du feu, on cherchera à mettre en ligne simultanément le plus grand nombre de fusils possible; et, si on le peut, on ouvrira le feu par surprise. Inversement, toute troupe engagée doit se prémunir constamment contre les surprises et se couvrir de patrouilles toutes les fois que cela sera possible. On essaiera de gagner des points d'où le feu peut être dirigé d'écharpe ou d'enfilade sur la position ennemie, même à grande distance; l'emploi du feu de salve, bien qu'exceptionnel, peut être indiqué dans cette occasion.

La position couchée est, pour l'infanterie arrêtée dans la zône du feu de l'ennemi, une nécessité de plus en plus inéluctable. Si l'on doit rester quelque temps sur place, il y a intérêt à compléter le couvert au moyen d'outils portatifs facilement maniables pour des hommes couchés. Cette nécessité paraît devoir amener à une modification de notre équipement, à la suppression du hâvre-sac rigide et à l'adoption d'un modèle d'outil plus pratique que la pelle-bêche actuelle.

Si le feu paraît être l'auxiliaire indispensable du mouvement en avant, il n'en est que l'auxiliaire. Seul le mouvement est décisif et irrésistible; seul, il procure le succès. On évitera de stationner plus de temps qu'il est nécessaire sur le même emplacement, un long temps d'arrêt sous le feu entraînant de lourdes pertes sans aucun profit, et comme la troupe a une tendance naturelle à s'accrocher au terrain, il nous faudra habituer notre infanterie, par les exercices du temps de paix, à quitter fréquemment l'abri commencé pour aller en creuser un autre plus près de l'ennemi.

Sous le feu, le mouvement en avant ne peut pas être régulier; il n'est pas nécessaire que les tirailleurs conservent l'alignement et les intervalles. Les différentes unités doivent néanmoins se maintenir sur leur direction de marche et ne pas étendre leur front inutilement. Les bonds individuels seront rares. Il y a intérêt à progresser par petits groupes, escouades ou sections, sous l'impulsion du chef de la petite unité. En tout cas, les bonds en terrain découvert doivent être courts (sans descendre cependant au-dessou de 30 à 40 mètres), rapides (sans exagération de manière à éviter l'essoufflement), et appuy par le feu des unités voisines. On évitera les lignes continues de tirailleurs qui ne se prêten pas à ce mouvement par échelons. On évitera également sous le feu les changements de direction, les mouvements latéraux et les renforcements de la première ligne. En dehors des cas d'impérieuse nécessité ou de situation critique, le ravitaillement en munitions, toujo délicat, s'effectuera en profitant d'une accalm de la lutte ou de cheminements exceptionnelle ment favorables.

La consommation des munitions doi être minutieusement surveillée, et le tir d cesser dès qu'il ne peut plus être efficac On doit ménager les munitions aux grandes distances, de manière à pouvo les employer sans compter au moment décisif. Plus que jamais, la discipline d feu et l'instruction du tir doivent être poussées très loin.

Si l'attaque ne réussit pas, le se mode de salut pour tous est de tenir énergiquement sur place, en attendant un nouvel effort des réserves. L'expérien a prouvé que les plus grosses pertes son subies par une troupe lorsqu'elle recule.

Sur les parties du front où les troupes sont forcées de rester momentaném sur la défensive, les tranchées seront approfondies et perfectionnées. Des tranchées profondes de 1m,50 à 2 mètres et dont les déblais sont dispersés sur le sol mettent les troupes qui les occupent à l'abri des effets de l'artillerie fût-elle à tir courbe. Les défenses accessoires, et, parmi elles les réseaux de fil de fer barbelé sont d'une utilité incontestable sur les parties défensives du front, surtout si elles échappent aux vues de l'artillerie.

Dans la défensive, il y a souvent avantage à accueillir l'ennemi à courte distance (400 ou 500 mètres) par un feu vif et subit.

Les villages ont joué un grand rôle dans les combats de Mandchourie. Ce fait est de nature à attirer l'attention sur leur valeur comme points d'appui, surtout lorsqu'il est possible d'y organiser un réduit peu visible à l'artillerie adverse.

Les combats de nuit ont été nombreux et ont toujours présenté de sérieuses difficultés. Ils ne donneront généralement que des résultats partiels, comme l'enlèvement d'un point déterminé. Ils sont menés par des troupes d'effectif restreint, en formation profonde (colonne de compagnie), et à la baïonnette.

La nuit peut aussi être mise à profit pour gagner à proximité de l'ennemi des positions favorables, et, en cas de revers, pour rompre le combat.

Les pertes en officiers ont été fort importantes au cours de la campagne, surtout du côté russe. Elles démontrent, pour les chefs de tous grades, le devoir de se couvrir, au même titre que la troupe qu'ils commandent, dans la mesure où les exigences du combat le permettent, et la nécessité d'en prendre l'habitude dès les exercices du temps de paix, de manière que cette attitude ne puisse être considérée au combat comme un manque de courage.

Cavalerie

En ce qui concerne la cavalerie, les enseignements de la guerre russo-japonaise sont absolument négatifs. D'une part, en effet, la cavalerie japonaise, peu nombreuse et mal remontée, n'a guère joué que le rôle d'infanterie montée, et s'est, en général, dérobée à toute action à cheval. Du côté russe, bien que très supérieure à celle de l'adversaire, la cavalerie, constituée en grande partie avec des unités de nouvelle formation et remontée avec des chevaux insuffisants, ne présentait ni l'instruction, ni l'entraînement, ni la cohésion nécessaires. Il faut reconnaître aussi que le terrain lui-même, aussi bien en plaine qu'en montagne, se prêtait fort peu à l'emploi tactique de la cavalerie.

Organiquement ni les Corps d'Armée, ni les Divisions russes n'avaient de cavalerie de corps ou de cavalerie divisionnaire. Les cas ont été nombreux où cette absence de cavalerie a paru fâcheuse.

On ne saurait donc conclure que le rôle de cette arme est fini sur le champ de bataille. S'il est permis de penser que la cavalerie ne peut rien contre une infanterie intacte et qui se garde, il faut également admettre qu'elle pourra toujours comme autrefois obtenir de brillants succès contre une troupe démoralisée ou surprise. L'expérience montre simplement qu'une cavalerie improvisée ou insuffisante est incapable de remplir convenablement son rôle en première ligne.

Les deux adversaires ont fait un usage fréquent du combat à pied.

Artillerie

Les enseignements que l'on peut tirer de l'emploi de l'artillerie sur les champs de bataille de Mandchourie sont également de peu de valeur, en ce sens que le matériel dont disposait chacun des deux adversaires n'était pas, à proprement parler, à tir rapide, et que, le plus souvent, l'emploi tactique en fut fort défectueux.

On ne saurait admettre en effet comme règle l'engagement de l'artillerie à des distances de tir telles qu'il lui était impossible d'atteindre l'artillerie adverse, et c'est pourtant ainsi que l'action de cette arme a été comprise de part et d'autre, en particulier dans la deuxième partie de la campagne. On a semblé oublier que le rôle principal de l'artillerie est d'appuyer constamment et efficacement l'infanterie. Ce n'est pas une des moindres causes des pertes considérables subies certains jours par cette dernière.

Sans doute, on peut dire que l'efficacité du tir de l'artillerie n'a de limite que la distance au delà de laquelle l'observation des résultats est impossible et que sur certains terrains et dans certaines circonstances atmosphériques cette distance est supérieure à 5.000 mèt sans doute, on tirera plus fréquemment que par le passé à des distances considérables, en utilisant toute la portée des pièces modernes, contre des rassemblements ennemis qui ne se dissimuleraient pas ; sans doute, il sera nécessaire au début d'une action, de s'engager prudemment, et de ne pas aventurer des batteries sur un terrain découvert, à bonne portée des positions occupées par l'ennemi; mais on ne combattra pas longtemps de si loin, parce qu'il serait matériellement impossible de suivre les péripéties du combat, et, par suite, de donner au tir toute sa précision et toute son efficacité; parce qu'il serait impossible d'appuyer l'infanterie au moment le plus critique de son engagement. L'expérience a prouvé d'ailleurs que le tir sur zône défilée était inefficace dès qu'on ne pouvait en observer les effets. Les tirs progressifs parurent même ne pas donner de résultats en rapport avec la consommation des munitions.

Par contre, quand un réglage précis put être exécuté contre des batteries démasquées par une artillerie mieux placée ou supérieure, ces batteries furent rapidement neutralisées. A ce point de vue, il semblerait utile d'augmenter la protection que notre matériel de campagne actuel procure au personnel, soit en apportant à ce matériel les modifications nécessaires, soit en prévoyant l'emploi rationnel d'outils de terrassier.

Il nous faut aussi envisager l'emploi fréquent du tir à démolir qui, seul, peut achever la mise hors de cause de l'artillerie adverse, et rendre la nôtre disponible pour un nouvel objectif. Si ce genre de tir n'a pas réussi en Extrême-Orient, cela tient surtout à ce que le matériel ne s'y prêtait pas. Mais en réalité, c'est là tout ce qui reste de la lutte d'artillerie considérée il y a peu de temps encore comme le prélude obligé des batailles. Le tir à shrapnel n'a d'autre résultat que d'arrêter momentanément le feu de l'adversaire, qu'il faudra surveiller constamment; de sorte que la lutte des deux artilleries pourra se reproduire à tout instant du combat et ne sera jamais qu'une série d'épisodes dans la bataille où la mission prépondérante des batteries sera toujours d'appuyer l'infanterie.

En dehors de ces points, l'expérience de la guerre a encore confirmé:

la nécessité d'une reconnaissance minutieuse de la position et d'une première mise en batterie soigneusement défilée, l'engagement du combat étant une question des plus délicates; l'avantage de faire agir l'artillerie par masse, le feu dispersé ne donnant rien. Une fois la situation entièrement dessinée, ne pas hésiter à engager toute l'artillerie de façon à obtenir sûrement la supériorité du feu;

l'importance de la concentration des feux et de la recherche des positions de flanc permettant le tir d'écharpe ou d'enfilade, particulièrement pour l'attaque des localités et des positions fortifiées;

la difficulté des changements de position

au cours du combat et de l'accompagnement effectif de l'infanterie autrement que par le feu;

l'obligation absolue pourtant d'appuyer l'attaque, et par suite le devoir de sacrifier au besoin la sécurité des batteries à l'efficacité du tir; la nécessité enfin pour l'artillerie d'être très manœuvrière et d'acquérir une grande pratique de l'utilisation du terrain.

Tels sont, jusqu'à nouvel ordre, les points principaux que la guerre russo-japonaise semble avoir mis en lumière; mais au fond, tout cela n'est pas nouveau. Ce sont là autant d'idées que l'enseignement donné à l'Ecole Supérieure de Guerre avait fait ressortir bien avant la campagne de Mandchourie, et que nos derniers règlements, antérieurs également à cette campagne, ont officiellement consacrées.

Cette guerre fait en outre ressortir la nécessité de développer au plus haut degré possible, les qualités d'initiative inhérentes à notre race; il faut qu'à l'exercice, à la manœuvre, au combat, chacun, chef et soldat, n'ait d'autre idée, d'autre désir, d'autre volonté, que d'agir, d'agir toujours, d'agir sans cesse, dans le sens qui lui aura été indiqué, ou qu'il croiera de nature à obtenir le résultat qu'on lui demande, à atteindre le but qui lui est assigné. C'est la foi dans l'action qu'il faut inculquer à tous, et comme corollaire, le respect de l'initiative.

Les idées générales indiquées plus haut doivent être considérées uniquement comme une confirmation des principes posés par nos règlements de manœuvre et notre service en campagne.

Les opérations de la guerre de Mandchourie ont en effet affirmé ces deux vérités immuables:

1°. L'offensive manœuvrière a toujours raison de toutes les résistances.

2°. La défensive passive aboutit fatalement au désastre.

C'est la meilleure conclusion qu'on puisse tirer de ce que l'on sait des évènements qui se sont déroulés en Extrême-Orient.

www.ingramcontent.com/pod-product-compliance
Lightning Source LLC
LaVergne TN
LVHW020454230826
846091LV00008BA/3190

* 9 7 8 2 0 1 9 2 2 5 0 8 7 *